AGENDA SCOLAIRE 2019-2020

CE PLANIFICATEUR APPARTIENT À:

NOM:

ANNIVERSAIRE:

ADRESSE:

CODE POSTAL:

MOBILE NUMÉRO: EMAIL:

ÉCOLE: CLASSE:

MES CONTACTS

NOM		NOM	
ADRESSE		ADRESSE	
EMAIL		EMAIL	
HANDY		HANDY	

NOM		NOM	
ADRESSE		ADRESSE	
EMAIL		EMAIL	
HANDY		HANDY	

NOM		NOM	
ADRESSE		ADRESSE	
EMAIL		EMAIL	
HANDY		HANDY	

NOM		NOM	
ADRESSE		ADRESSE	
EMAIL		EMAIL	
HANDY		HANDY	

NOM		NOM	
ADRESSE		ADRESSE	
EMAIL		EMAIL	
HANDY		HANDY	

NOM		NOM	
ADRESSE		ADRESSE	
EMAIL		EMAIL	
HANDY		HANDY	

NOM		NOM	
ADRESSE		ADRESSE	
EMAIL		EMAIL	
HANDY		HANDY	

NOM		NOM	
ADRESSE		ADRESSE	
EMAIL		EMAIL	
HANDY		HANDY	

MES OBJECTIFS

ANNIVERSAIRES

NOM	DATE	DATE	NOM

JAN 2019

LU	MA	ME	JE	VE	SA	DI
1	2	3	4	5	6	
7	8	9	10	11	12	13
14	15	16	17	18	19	20
21	22	23	24	25	26	27
28	29	30	31			

FÉV 2019

LU	MA	ME	JE	VE	SA	DI
				1	2	3
4	5	6	7	8	9	10
11	12	13	14	15	16	17
18	19	20	21	22	23	24
25	26	27	28			

MAR 2019

LU	MA	ME	JE	VE	SA	DI
				1	2	3
4	5	6	7	8	9	10
11	12	13	14	15	16	17
18	19	20	21	22	23	24
25	26	27	28	29	30	31

AVR 2019

LU	MA	ME	JE	VE	SA	DI
1	2	3	4	5	6	7
8	9	10	11	12	13	14
15	16	17	18	19	20	21
22	23	24	25	26	27	28
29	30					

MAI 2019

LU	MA	ME	JE	VE	SA	DI
		1	2	3	4	5
6	7	8	9	10	11	12
13	14	15	16	17	18	19
20	21	22	23	24	25	26
27	28	29	30	31		

JUIN 2019

LU	MA	ME	JE	VE	SA	DI
					1	2
3	4	5	6	7	8	9
10	11	12	13	14	15	16
17	18	19	20	21	22	23
24	25	26	27	28	29	30

JUIL 2019

LU	MA	ME	JE	VE	SA	DI
1	2	3	4	5	6	7
8	9	10	11	12	13	14
15	16	17	18	19	20	21
22	23	24	25	26	27	28
29	30	31				

AOÛT 2019

LU	MA	ME	JE	VE	SA	DI
			1	2	3	4
5	6	7	8	9	10	11
12	13	14	15	16	17	18
19	20	21	22	23	24	25
26	27	28	29	30	31	

SEP 2019

LU	MA	ME	JE	VE	SA	DI
						1
2	3	4	5	6	7	8
9	10	11	12	13	14	15
16	17	18	19	20	21	22
23	24	25	26	27	28	29
30						

OCT 2019

LU	MA	ME	JE	VE	SA	DI
1	2	3	4	5	6	
7	8	9	10	11	12	13
14	15	16	17	18	19	20
21	22	23	24	25	26	27
28	29	30	31			

NOV 2019

LU	MA	ME	JE	VE	SA	DI
				1	2	3
4	5	6	7	8	9	10
11	12	13	14	15	16	17
18	19	20	21	22	23	24
25	26	27	28	29	30	

DÉC 2019

LU	MA	ME	JE	VE	SA	DI
						1
2	3	4	5	6	7	8
9	10	11	12	13	14	15
16	17	18	19	20	21	22
23	24	25	26	27	28	29
30	31					

JAN 2020

LU	MA	ME	JE	VE	SA	DI
	1	2	3	4	5	
6	7	8	9	10	11	12
13	14	15	16	17	18	19
20	21	22	23	24	25	26
27	28	29	30	31		

FÉV 2020

LU	MA	ME	JE	VE	SA	DI
					1	2
3	4	5	6	7	8	9
10	11	12	13	14	15	16
17	18	19	20	21	22	23
24	25	26	27	28	29	

MAR 2020

LU	MA	ME	JE	VE	SA	DI
						1
2	3	4	5	6	7	8
9	10	11	12	13	14	15
16	17	18	19	20	21	22
23	24	25	26	27	28	29
30	31					

AVR 2020

LU	MA	ME	JE	VE	SA	DI
		1	2	3	4	5
6	7	8	9	10	11	12
13	14	15	16	17	18	19
20	21	22	23	24	25	26
27	28	29	30			

MAI 2020

LU	MA	ME	JE	VE	SA	DI
				1	2	3
4	5	6	7	8	9	10
11	12	13	14	15	16	17
18	19	20	21	22	23	24
25	26	27	28	29	30	31

JUIN 2020

LU	MA	ME	JE	VE	SA	DI
1	2	3	4	5	6	7
8	9	10	11	12	13	14
15	16	17	18	19	20	21
22	23	24	25	26	27	28
29	30					

JUIL 2020

LU	MA	ME	JE	VE	SA	DI
		1	2	3	4	5
6	7	8	9	10	11	12
13	14	15	16	17	18	19
20	21	22	23	24	25	26
27	28	29	30	31		

AOÛT 2020

LU	MA	ME	JE	VE	SA	DI
					1	2
3	4	5	6	7	8	9
10	11	12	13	14	15	16
17	18	19	20	21	22	23
24	25	26	27	28	29	30
31						

SEP 2020

LU	MA	ME	JE	VE	SA	DI
	1	2	3	4	5	6
7	8	9	10	11	12	13
14	15	16	17	18	19	20
21	22	23	24	25	26	27
28	29	30				

OCT 2020

LU	MA	ME	JE	VE	SA	DI
			1	2	3	4
5	6	7	8	9	10	11
12	13	14	15	16	17	18
19	20	21	22	23	24	25
26	27	28	29	30	31	

NOV 2020

LU	MA	ME	JE	VE	SA	DI
						1
2	3	4	5	6	7	8
9	10	11	12	13	14	15
16	17	18	19	20	21	22
23	24	25	26	27	28	29
30						

DÉC 2020

LU	MA	ME	JE	VE	SA	DI
	1	2	3	4	5	6
7	8	9	10	11	12	13
14	15	16	17	18	19	20
21	22	23	24	25	26	27
28	29	30	31			

2019

2020

FÊTES LÉGALES EN FRANCE 2019-2021

	2019	2020	2021
LE JOUR DE L'AN	01.01	01.01	01.01
PÂQUES	22.04	13.04	05.04
FÊTE DU TRAVAIL	01.05	01.05	01.05
LA VICTOIRE DE 1945	08.05	08.05	08.05
L'ASCENSION	30.05	21.05	13.05
PENTECÔTE	10.06	01.06	24.05
FÊTE NATIONALE	14.07	14.07	14.07
L'ASSOMPTION	15.08	15.08	15.08
LA TOUSSAINT	01.11	01.11	01.11
L'ARMISTICE	11.11	11.11	11.11
NOEL	25.12	25.12	25.12

FÊTES LÉGALES EN ALSACES 2019-2021

	2019	2020	2021
VENDREDI SAINT	19.04	10.04	02.04
2E JOUR DE NOEL	26.12	26.12	26.12

VACANCES SCOLAIRES 2019-2020

	ZONE A	ZONE B	ZONE C
RENTRÉE SCOLAIRE 2019	06.07.2019 - 02.09.2019		
VACANCES DE LA TOUSSAINT 2019	19.10.2019 - 04.11.2019		
VACANCES DE NOEL 2019	21.12.2019 - 06.01.2020		
VACANCES D'HIVER 2020	22.02.-09.03	15.02.-02.03	08.02.-24.02
VACANCES DE PRINTEMPS 2020	18.04.-04.05	11.04.-27.04	04.04.-20.04.
PONT DE L'ASCENSION	20.05.2020 - 25.05.2020		
GRANDES VACANCES 2020	04.07.2020 - ...		

ZONE A	Besançon, Bordeaux, Clermont-Ferrand, Dijon, Grenoble, Limoges, Lyon, Poitiers
ZONE B	Aix-Marseille, Amiens, Caen, Lille, Nancy-Metz, Nantes, Nice, Orléans-Tours, Reims, Rennes, Rouen, Strasbourg
ZONE C	Créteil, Montpellier, Paris, Toulouse, Versailles

AOÛT 2019

01	JE		
02	VE		
03	SA		
04	DI		
05	LU		32
06	MA		
07	ME		
08	JE		
09	VE		
10	SA		
11	DI		
12	LU		33
13	MA		
14	ME		
15	JE		
16	VE		
17	SA		
18	DI		
19	LU		34
20	MA		
21	ME		
22	JE		
23	VE		
24	SA		
25	DI		
26	LU		35
27	MA		
28	ME		
29	JE		
30	VE		
31	SA		

SEPTEMBRE

01	DI		
02	LU		36
03	MA		
04	ME		
05	JE		
06	VE		
07	SA		
08	DI		
09	LU		37
10	MA		
11	ME		
12	JE		
13	VE		
14	SA		
15	DI		
16	LU		38
17	MA		
18	ME		
19	JE		
20	VE		
21	SA		
22	DI		
23	LU		39
24	MA		
25	ME		
26	JE		
27	VE		
28	SA		
29	DI		
30	LU		40

OCTOBRE

01	MA	
02	ME	
03	JE	
04	VE	
05	SA	
06	DI	
07	LU	41
08	MA	
09	ME	
10	JE	
11	VE	
12	SA	
13	DI	
14	LU	42
15	MA	
16	ME	
17	JE	
18	VE	
19	SA	
20	DI	
21	LU	43
22	MA	
23	ME	
24	JE	
25	VE	
26	SA	
27	DI	
28	LU	44
29	MA	
30	ME	
31	JE	

NOVEMBRE

01	VE	
02	SA	
03	DI	
04	LU	45
05	MA	
06	ME	
07	JE	
08	VE	
09	SA	
10	DI	
11	LU	46
12	MA	
13	ME	
14	JE	
15	VE	
16	SA	
17	DI	
18	LU	47
19	MA	
20	ME	
21	JE	
22	VE	
23	SA	
24	DI	
25	LU	48
26	MA	
27	ME	
28	JE	
29	VE	
30	SA	

DÉCEMBRE

01	DI	
02	LU	49
03	MA	
04	ME	
05	JE	
06	VE	
07	SA	
08	DI	
09	LU	50
10	MA	
11	ME	
12	JE	
13	VE	
14	SA	
15	DI	
16	LU	51
17	MA	
18	ME	
19	JE	
20	VE	
21	SA	
22	DI	
23	LU	52
24	MA	
25	ME	
26	JE	
27	VE	
28	SA	
29	DI	
30	LU	01
31	MA	

JANVIER 2020

01	ME	
02	JE	
03	VE	
04	SA	
05	DI	
06	LU	02
07	MA	
08	ME	
09	JE	
10	VE	
11	SA	
12	DI	
13	LU	03
14	MA	
15	ME	
16	JE	
17	VE	
18	SA	
19	DI	
20	LU	04
21	MA	
22	ME	
23	JE	
24	VE	
25	SA	
26	DI	
27	LU	05
28	MA	
29	ME	
30	JE	
31	VE	

FÉVRIER

01	SA	
02	DI	
03	LU	06
04	MA	
05	ME	
06	JE	
07	VE	
08	SA	
09	DI	
10	LU	07
11	MA	
12	ME	
13	JE	
14	VE	
15	SA	
16	DI	
17	LU	08
18	MA	
19	ME	
20	JE	
21	VE	
22	SA	
23	DI	
24	LU	09
25	MA	
26	ME	
27	JE	
28	VE	
29	SA	

MARS

01	DI	
02	LU	10
03	MA	
04	ME	
05	JE	
06	VE	
07	SA	
08	DI	
09	LU	11
10	MA	
11	ME	
12	JE	
13	VE	
14	SA	
15	DI	
16	LU	12
17	MA	
18	ME	
19	JE	
20	VE	
21	SA	
22	DI	
23	LU	13
24	MA	
25	ME	
26	JE	
27	VE	
28	SA	
29	DI	
30	LU	14
31	MA	

AVRIL

01	ME	
02	JE	
03	VE	
04	SA	
05	DI	
06	LU	15
07	MA	
08	ME	
09	JE	
10	VE	
11	SA	
12	DI	
13	LU	16
14	MA	
15	ME	
16	JE	
17	VE	
18	SA	
19	DI	
20	LU	17
21	MA	
22	ME	
23	JE	
24	VE	
25	SA	
26	DI	
27	LU	18
28	MA	
29	ME	
30	JE	

MAI

01	VE	
02	SA	
03	DI	
04	LU	19
05	MA	
06	ME	
07	JE	
08	VE	
09	SA	
10	DI	
11	LU	20
12	MA	
13	ME	
14	JE	
15	VE	
16	SA	
17	DI	
18	LU	21
19	MA	
20	ME	
21	JE	
22	VE	
23	SA	
24	DI	
25	LU	22
26	MA	
27	ME	
28	JE	
29	VE	
30	SA	
31	DI	

01	LU		23
02	MA		
03	ME		
04	JE		
05	VE		
06	SA		
07	DI		
08	LU		24
09	MA		
10	ME		
11	JE		
12	VE		
13	SA		
14	DI		
15	LU		25
16	MA		
17	ME		
18	JE		
19	VE		
20	SA		
21	DI		
22	LU		26
23	MA		
24	ME		
25	JE		
26	VE		
27	SA		
28	DI		
29	LU		27
30	MA		

01	ME		
02	JE		
03	VE		
04	SA		
05	DI		
06	LU		28
07	MA		
08	ME		
09	JE		
10	VE		
11	SA		
12	DI		
13	LU		29
14	MA		
15	ME		
16	JE		
17	VE		
18	SA		
19	DI		
20	LU		30
21	MA		
22	ME		
23	JE		
24	VE		
25	SA		
26	DI		
27	LU		31
28	MA		
29	ME		
30	JE		
31	VE		

AOUT

01	SA		
02	DI		
03	LU	32	
04	MA		
05	ME		
06	JE		
07	VE		
08	SA		
09	DI		
10	LU	33	
11	MA		
12	ME		
13	JE		
14	VE		
15	SA		
16	DI		
17	LU	34	
18	MA		
19	ME		
20	JE		
21	VE		
22	SA		
23	DI		
24	LU	35	
25	MA		
26	ME		
27	JE		
28	VE		
29	SA		
30	DI		
31	LU	36	

NOTES

EMPLOI DU TEMPS

ZEIT	LUNDI	MARDI	MERCREDI

JEUDI	VENDREDI	SAMEDI	DIMANCHE

EMPLOI DU TEMPS

ZEIT	LUNDI	MARDI	MERCREDI

JUIL 2019

LU	MA	ME	JE	VE	SA	DI
1	2	3	4	5	6	7
8	9	10	11	12	13	14
15	16	17	18	19	20	21
22	23	24	25	26	27	28
29	30	31				

EXAMENS

DATES IMPORTANTES

SEPT 2019

LU	MA	ME	JE	VE	SA	DI
						1
2	3	4	5	6	7	8
9	10	11	12	13	14	15
16	17	18	19	20	21	22
23	24	25	26	27	28	29
30						

AOÛT

LUNDI	MARDI	MERCREDI
29	30	31
5	6	7
12	13	14
19	20	21
26	27	28

2019

JEUDI	VENDREDI	SAMEDI	DIMANCHE
1	2	3	4
8	9	10	11
15	16	17	18
22	23	24	25
29	30	31	1

SEMAINE 31

LUNDI
29
JUILLET

☐
☐
☐
☐
☐
☐
☐

MARDI
30
JUILLET

☐
☐
☐
☐
☐
☐
☐

MERCREDI
31
JUILLET

☐
☐
☐
☐
☐
☐
☐

JEUDI
01
AOÛT

☐
☐
☐
☐
☐
☐
☐

VENDREDI

02

AOÛT

☐
☐
☐
☐
☐
☐
☐
☐

SAMEDI

03

AOÛT

☐
☐
☐
☐
☐
☐
☐
☐

DIMANCHE

04

AOÛT

☐
☐
☐
☐
☐
☐
☐
☐

SEMAINE 32

LUNDI
05
AOÛT

☐
☐
☐
☐
☐
☐
☐

MARDI
06
AOÛT

☐
☐
☐
☐
☐
☐
☐

MERCREDI
07
AOÛT

☐
☐
☐
☐
☐
☐
☐

JEUDI
08
AOÛT

☐
☐
☐
☐
☐
☐
☐

AOÛT 2019

VENDREDI
09
AOÛT

☐
☐
☐
☐
☐
☐
☐

SAMEDI
10
AOÛT

☐
☐
☐
☐
☐
☐
☐

DIMANCHE
11
AOÛT

☐
☐
☐
☐
☐
☐

SEMAINE 33

LUNDI
12
AOÛT

☐
☐
☐
☐
☐
☐
☐

MARDI
13
AOÛT

☐
☐
☐
☐
☐
☐
☐

MERCREDI
14
AOÛT

☐
☐
☐
☐
☐
☐
☐

JEUDI
15
AOÛT

☐
☐
☐
☐
☐
☐
☐

VENDREDI

16
AOÛT

☐
☐
☐
☐
☐
☐
☐
☐

SAMEDI

17
AOÛT

☐
☐
☐
☐
☐
☐
☐

DIMANCHE

18
AOÛT

☐
☐
☐
☐
☐
☐

SEMAINE 34

LUNDI
19
AOÛT

MARDI
20
AOÛT

MERCREDI
21
AOÛT

JEUDI
22
AOÛT

AOÛT 2019

VENDREDI

23
AOÛT

☐
☐
☐
☐
☐
☐
☐

SAMEDI

24
AOÛT

☐
☐
☐
☐
☐
☐
☐

DIMANCHE

25
AOÛT

☐
☐
☐
☐
☐
☐
☐

SEMAINE 35

LUNDI
26
AOÛT

- [ ]
- [ ]
- [ ]
- [ ]
- [ ]
- [ ]
- [ ]

MARDI
27
AOÛT

- [ ]
- [ ]
- [ ]
- [ ]
- [ ]
- [ ]
- [ ]

MERCREDI
28
AOÛT

- [ ]
- [ ]
- [ ]
- [ ]
- [ ]
- [ ]
- [ ]

JEUDI
29
AOÛT

- [ ]
- [ ]
- [ ]
- [ ]
- [ ]
- [ ]
- [ ]

VENDREDI

30

AOÛT

☐
☐
☐
☐
☐
☐
☐

SAMEDI

31

AOÛT

☐
☐
☐
☐
☐
☐
☐

DIMANCHE

01

SEPTEMBRE

☐
☐
☐
☐
☐
☐
☐

AOÛT 2019

LU MA ME JE VE SA DI

			1	2	3	4
5	6	7	8	9	10	11
12	13	14	15	16	17	18
19	20	21	22	23	24	25
26	27	28	29	30	31	

EXAMENS

_____
_____
_____
_____
_____
_____
_____
_____

DATES IMPORTANTES

_____
_____
_____
_____
_____
_____
_____

OCT 2019

LU MA ME JE VE SA DI

	1	2	3	4	5	6
7	8	9	10	11	12	13
14	15	16	17	18	19	20
21	22	23	24	25	26	27
28	29	30	31			

SEPTEMBRE

LUNDI	MARDI	MERCREDI
26	27	28
2	3	4
9	10	11
16	17	18
23	24	25
30	1	2

2019

JEUDI	VENDREDI	SAMEDI	DIMANCHE
29	30	31	1
5	6	7	8
12	13	14	15
19	20	21	22
26	27	28	29
3	4	5	6

SEMAINE 36

LUNDI
02
SEPTEMBRE

MARDI
03
SEPTEMBRE

MERCREDI
04
SEPTEMBRE

JEUDI
05
SEPTEMBRE

VENDREDI

06
SEPTEMBRE

☐
☐
☐
☐
☐
☐
☐
☐

SAMEDI

07
SEPTEMBRE

☐
☐
☐
☐
☐
☐
☐
☐

DIMANCHE

08
SEPTEMBRE

☐
☐
☐
☐
☐
☐
☐
☐

SEMAINE 37

LUNDI
09
SEPTEMBRE

- [ ]
- [ ]
- [ ]
- [ ]
- [ ]
- [ ]
- [ ]

MARDI
10
SEPTEMBRE

- [ ]
- [ ]
- [ ]
- [ ]
- [ ]
- [ ]
- [ ]

MERCREDI
11
SEPTEMBRE

- [ ]
- [ ]
- [ ]
- [ ]
- [ ]
- [ ]
- [ ]

JEUDI
12
SEPTEMBRE

- [ ]
- [ ]
- [ ]
- [ ]
- [ ]
- [ ]
- [ ]

SEPTEMBRE 2019

VENDREDI
13
SEPTEMBRE

SAMEDI
14
SEPTEMBRE

DIMANCHE
15
SEPTEMBRE

SEMAINE 38

LUNDI
16
SEPTEMBRE

MARDI
17
SEPTEMBRE

MERCREDI
18
SEPTEMBRE

JEUDI
19
SEPTEMBRE

SEPTEMBRE 2019

VENDREDI

20
SEPTEMBRE

☐
☐
☐
☐
☐
☐
☐
☐

SAMEDI

21
SEPTEMBRE

☐
☐
☐
☐
☐
☐
☐
☐

DIMANCHE

22
SEPTEMBRE

☐
☐
☐
☐
☐
☐
☐
☐

SEMAINE 39

LUNDI
23
SEPTEMBRE

☐
☐
☐
☐
☐
☐
☐

MARDI
24
SEPTEMBRE

☐
☐
☐
☐
☐
☐
☐

MERCREDI
25
SEPTEMBRE

☐
☐
☐
☐
☐
☐
☐

JEUDI
26
SEPTEMBRE

☐
☐
☐
☐
☐
☐
☐

VENDREDI

27

SEPTEMBRE

☐
☐
☐
☐
☐
☐
☐
☐

SAMEDI

28

SEPTEMBRE

☐
☐
☐
☐
☐
☐
☐
☐

DIMANCHE

29

SEPTEMBRE

☐
☐
☐
☐
☐
☐
☐
☐

SEPT 2019

LU MA ME JE VE SA DI
						1
2	3	4	5	6	7	8
9	10	11	12	13	14	15
16	17	18	19	20	21	22
23	24	25	26	27	28	29
30						

EXAMENS

_____
_____
_____
_____
_____
_____
_____
_____

DATES IMPORTANTES

_____
_____
_____
_____
_____
_____
_____

NOV 2019

LU MA ME JE VE SA DI
					1	2	3
4	5	6	7	8	9	10
11	12	13	14	15	16	17
18	19	20	21	22	23	24
25	26	27	28	29	30	

OCTOBRE

LUNDI	MARDI	MERCREDI
30	1	2
7	8	9
14	15	16
21	22	23
28	29	30

2019

JEUDI	VENDREDI	SAMEDI	DIMANCHE
3	4	5	6
10	11	12	13
17	18	19	20
24	25	26	27
31	1	2	3

SEMAINE 40

LUNDI
30
SEPTEMBRE

- ☐
- ☐
- ☐
- ☐
- ☐
- ☐
- ☐

MARDI
01
OCTOBRE

- ☐
- ☐
- ☐
- ☐
- ☐
- ☐
- ☐

MERCREDI
02
OCTOBRE

- ☐
- ☐
- ☐
- ☐
- ☐
- ☐
- ☐

JEUDI
03
OCTOBRE

- ☐
- ☐
- ☐
- ☐
- ☐
- ☐
- ☐

OCTOBRE 2019

VENDREDI
04
OCTOBRE

SAMEDI
05
OCTOBRE

DIMANCHE
06
OCTOBRE

SEMAINE 41

LUNDI

07

OCTOBRE

☐
☐
☐
☐
☐
☐
☐

MARDI

08

OCTOBRE

☐
☐
☐
☐
☐
☐
☐

MERCREDI

09

OCTOBRE

☐
☐
☐
☐
☐
☐
☐

JEUDI

10

OCTOBRE

☐
☐
☐
☐
☐
☐
☐

VENDREDI

11

OCTOBRE

☐
☐
☐
☐
☐
☐
☐

SAMEDI

12

OCTOBRE

☐
☐
☐
☐
☐
☐
☐

DIMANCHE

13

OCTOBRE

☐
☐
☐
☐
☐
☐
☐

SEMAINE 42

LUNDI
14
OCTOBRE

MARDI
15
OCTOBRE

MERCREDI
16
OCTOBRE

JEUDI
17
OCTOBRE

VENDREDI

18

OCTOBRE

☐
☐
☐
☐
☐
☐
☐

SAMEDI

19

OCTOBRE

☐
☐
☐
☐
☐
☐
☐

DIMANCHE

20

OCTOBRE

☐
☐
☐
☐
☐
☐
☐

SEMAINE 43

LUNDI
21
OCTOBRE

MARDI
22
OCTOBRE

MERCREDI
23
OCTOBRE

JEUDI
24
OCTOBRE

VENDREDI

25

OCTOBRE

- [ ]
- [ ]
- [ ]
- [ ]
- [ ]
- [ ]
- [ ]

SAMEDI

26

OCTOBRE

- [ ]
- [ ]
- [ ]
- [ ]
- [ ]
- [ ]
- [ ]

DIMANCHE

27

OCTOBRE

- [ ]
- [ ]
- [ ]
- [ ]
- [ ]
- [ ]
- [ ]

SEMAINE 44

LUNDI
28
OCTOBRE

- [ ]
- [ ]
- [ ]
- [ ]
- [ ]
- [ ]
- [ ]

MARDI
29
OCTOBRE

- [ ]
- [ ]
- [ ]
- [ ]
- [ ]
- [ ]
- [ ]

MERCREDI
30
OCTOBRE

- [ ]
- [ ]
- [ ]
- [ ]
- [ ]
- [ ]
- [ ]

JEUDI
31
OCTOBRE

- [ ]
- [ ]
- [ ]
- [ ]
- [ ]
- [ ]
- [ ]

OCTOBRE 2019

VENDREDI

01
NOVEMBRE

☐
☐
☐
☐
☐
☐
☐

SAMEDI

02
NOVEMBRE

☐
☐
☐
☐
☐
☐
☐

DIMANCHE

03
NOVEMBRE

☐
☐
☐
☐
☐
☐
☐

OCT 2019

LU	MA	ME	JE	VE	SA	DI
	1	2	3	4	5	6
7	8	9	10	11	12	13
14	15	16	17	18	19	20
21	22	23	24	25	26	27
28	29	30	31			

EXAMENS

DATES IMPORTANTES

DEC 2019

LU	MA	ME	JE	VE	SA	DI
						1
2	3	4	5	6	7	8
9	10	11	12	13	14	15
16	17	18	19	20	21	22
23	24	25	26	27	28	29
30	31					

NOVEMBRE

LUNDI	MARDI	MERCREDI
28	29	30
4	5	6
11	12	13
18	19	20
25	26	27

2019

JEUDI	VENDREDI	SAMEDI	DIMANCHE
31	1	2	3
7	8	9	10
14	15	16	17
21	22	23	24
28	29	30	1

SEMAINE 45

LUNDI
04
NOVEMBRE

MARDI
05
NOVEMBRE

MERCREDI
06
NOVEMBRE

JEUDI
07
NOVEMBRE

VENDREDI

08
NOVEMBRE

SAMEDI

09
NOVEMBRE

DIMANCHE

10
NOVEMBRE

LUNDI
11
NOVEMBRE

MARDI
12
NOVEMBRE

MERCREDI
13
NOVEMBRE

JEUDI
14
NOVEMBRE

VENDREDI

15

NOVEMBRE

☐
☐
☐
☐
☐
☐
☐

SAMEDI

16

NOVEMBRE

☐
☐
☐
☐
☐
☐
☐

DIMANCHE

17

NOVEMBRE

☐
☐
☐
☐
☐
☐
☐

SEMAINE 47

LUNDI
18
NOVEMBRE

☐
☐
☐
☐
☐
☐
☐

MARDI
19
NOVEMBRE

☐
☐
☐
☐
☐
☐
☐

MERCREDI
20
NOVEMBRE

☐
☐
☐
☐
☐
☐
☐

JEUDI
21
NOVEMBRE

☐
☐
☐
☐
☐
☐
☐

VENDREDI

22

NOVEMBRE

☐
☐
☐
☐
☐
☐
☐

SAMEDI

23

NOVEMBRE

☐
☐
☐
☐
☐
☐
☐

DIMANCHE

24

NOVEMBRE

☐
☐
☐
☐
☐
☐
☐

SEMAINE 48

LUNDI
25
NOVEMBRE

MARDI
26
NOVEMBRE

MERCREDI
27
NOVEMBRE

JEUDI
28
NOVEMBRE

NOVEMBRE 2019

VENDREDI

29
NOVEMBRE

SAMEDI

30
NOVEMBRE

DIMANCHE

01
DÉCEMBRE

EXAMENS

DATES
IMPORTANTES

DECEMBRE

LUNDI	MARDI	MERCREDI
25	26	27
2	3	4
9	10	11
16	17	18
23	24	25
30	31	1

2019

JEUDI	VENDREDI	SAMEDI	DIMANCHE
28	29	30	1
5	6	7	8
12	13	14	15
19	20	21	22
26	27	28	29
2	3	4	5

SEMAINE 49

LUNDI
02
DÉCEMBRE

☐
☐
☐
☐
☐
☐
☐

MARDI
03
DÉCEMBRE

☐
☐
☐
☐
☐
☐
☐

MERCREDI
04
DÉCEMBRE

☐
☐
☐
☐
☐
☐
☐

JEUDI
05
DÉCEMBRE

☐
☐
☐
☐
☐
☐
☐

DÉCEMBRE 2019

VENDREDI
06
DÉCEMBRE

☐
☐
☐
☐
☐
☐
☐

SAMEDI
07
DÉCEMBRE

☐
☐
☐
☐
☐
☐
☐

DIMANCHE
08
DÉCEMBRE

☐
☐
☐
☐
☐
☐
☐

SEMAINE 50

LUNDI
09
DÉCEMBRE

- [ ]
- [ ]
- [ ]
- [ ]
- [ ]
- [ ]
- [ ]

MARDI
10
DÉCEMBRE

- [ ]
- [ ]
- [ ]
- [ ]
- [ ]
- [ ]
- [ ]

MERCREDI
11
DÉCEMBRE

- [ ]
- [ ]
- [ ]
- [ ]
- [ ]
- [ ]
- [ ]

JEUDI
12
DÉCEMBRE

- [ ]
- [ ]
- [ ]
- [ ]
- [ ]
- [ ]
- [ ]

DÉCEMBRE 2019

VENDREDI
13
DÉCEMBRE

☐
☐
☐
☐
☐
☐
☐

SAMEDI
14
DÉCEMBRE

☐
☐
☐
☐
☐
☐
☐

DIMANCHE
15
DÉCEMBRE

☐
☐
☐
☐
☐
☐

LUNDI
16
DÉCEMBRE

- [ ]
- [ ]
- [ ]
- [ ]
- [ ]
- [ ]
- [ ]

MARDI
17
DÉCEMBRE

- [ ]
- [ ]
- [ ]
- [ ]
- [ ]
- [ ]
- [ ]

MERCREDI
18
DÉCEMBRE

- [ ]
- [ ]
- [ ]
- [ ]
- [ ]
- [ ]
- [ ]

JEUDI
19
DÉCEMBRE

- [ ]
- [ ]
- [ ]
- [ ]
- [ ]
- [ ]
- [ ]

VENDREDI

20

DÉCEMBRE

SAMEDI

21

DÉCEMBRE

DIMANCHE

22

DÉCEMBRE

SEMAINE 52

LUNDI
23
DÉCEMBRE

☐

☐

☐

☐

☐

☐

☐

MARDI
24
DÉCEMBRE

☐

☐

☐

☐

☐

☐

☐

MERCREDI
25
DÉCEMBRE

☐

☐

☐

☐

☐

☐

☐

JEUDI
26
DÉCEMBRE

☐

☐

☐

☐

☐

☐

☐

VENDREDI

27

DÉCEMBRE

SAMEDI

28

DÉCEMBRE

DIMANCHE

29

DÉCEMBRE

EXAMENS

DATES
IMPORTANTES

JANVIER

LUNDI	MARDI	MERCREDI
30	31	1
6	7	8
13	14	15
20	21	22
27	28	29

2020

JEUDI	VENDREDI	SAMEDI	DIMANCHE
2	3	4	5
9	10	11	12
16	17	18	19
23	24	25	26
30	31	1	2

SEMAINE 01

LUNDI
30
DÉCEMBRE

MARDI
31
DÉCEMBRE

MERCREDI
01
JANVIER

JEUDI
02
JANVIER

DÉCEMBRE 2019 - JANVIER 2020

VENDREDI

03
JANVIER

- [ ]
- [ ]
- [ ]
- [ ]
- [ ]
- [ ]
- [ ]
- [ ]

SAMEDI

04
JANVIER

- [ ]
- [ ]
- [ ]
- [ ]
- [ ]
- [ ]
- [ ]
- [ ]

DIMANCHE

05
JANVIER

- [ ]
- [ ]
- [ ]
- [ ]
- [ ]
- [ ]
- [ ]
- [ ]

SEMAINE 02

LUNDI
06
JANVIER

☐
☐
☐
☐
☐
☐
☐
☐

MARDI
07
JANVIER

☐
☐
☐
☐
☐
☐
☐
☐

MERCREDI
08
JANVIER

☐
☐
☐
☐
☐
☐
☐
☐

JEUDI
9
JANVIER

☐
☐
☐
☐
☐
☐
☐

VENDREDI

10
JANVIER

☐
☐
☐
☐
☐
☐
☐
☐

SAMEDI

11
JANVIER

☐
☐
☐
☐
☐
☐
☐
☐

DIMANCHE

12
JANVIER

☐
☐
☐
☐
☐
☐
☐
☐

SEMAINE 03

LUNDI
13
JANVIER

☐
☐
☐
☐
☐
☐
☐

MARDI
14
JANVIER

☐
☐
☐
☐
☐
☐
☐

MERCREDI
15
JANVIER

☐
☐
☐
☐
☐
☐
☐

JEUDI
16
JANVIER

☐
☐
☐
☐
☐
☐
☐

VENDREDI

17
JANVIER

- [ ]
- [ ]
- [ ]
- [ ]
- [ ]
- [ ]
- [ ]

SAMEDI

18
JANVIER

- [ ]
- [ ]
- [ ]
- [ ]
- [ ]
- [ ]
- [ ]

DIMANCHE

19
JANVIER

- [ ]
- [ ]
- [ ]
- [ ]
- [ ]
- [ ]
- [ ]

SEMAINE 04

LUNDI
20
JANVIER

- [ ]
- [ ]
- [ ]
- [ ]
- [ ]
- [ ]
- [ ]

MARDI
21
JANVIER

- [ ]
- [ ]
- [ ]
- [ ]
- [ ]
- [ ]
- [ ]

MERCREDI
22
JANVIER

- [ ]
- [ ]
- [ ]
- [ ]
- [ ]
- [ ]
- [ ]

JEUDI
23
JANVIER

- [ ]
- [ ]
- [ ]
- [ ]
- [ ]
- [ ]
- [ ]

VENDREDI

24
JANVIER

SAMEDI

25
JANVIER

DIMANCHE

26
JANVIER

SEMAINE 05

LUNDI
27
JANVIER

☐
☐
☐
☐
☐
☐
☐

MARDI
28
JANVIER

☐
☐
☐
☐
☐
☐
☐

MERCREDI
29
JANVIER

☐
☐
☐
☐
☐
☐
☐

JEUDI
30
JANVIER

☐
☐
☐
☐
☐
☐
☐

JANVIER 2020

VENDREDI

31
JANVIER

☐
☐
☐
☐
☐
☐
☐

SAMEDI

01
FÉVRIER

☐
☐
☐
☐
☐
☐
☐

DIMANCHE

02
FÉVRIER

☐
☐
☐
☐
☐
☐
☐

JAN 2020

LU MA ME JE VE SA DI

1 2 3 4 5
6 7 8 9 10 11 12
13 14 15 16 17 18 19
20 21 22 23 24 25 26
27 28 29 30 31

EXAMENS

_____
_____
_____
_____
_____
_____
_____
_____

DATES IMPORTANTES

_____
_____
_____
_____
_____
_____
_____
_____

MAR 2020

LU MA ME JE VE SA DI

                  1
2 3 4 5 6 7 8
9 10 11 12 13 14 15
16 17 18 19 20 21 22
23 24 25 26 27 28 29
30 31

FÉVRIER

LUNDI	MARDI	MERCREDI
26	27	28
3	4	5
10	11	12
17	18	19
24	25	26

2020

JEUDI	VENDREDI	SAMEDI	DIMANCHE
29	30	1	2
6	7	8	9
13	14	15	16
20	21	22	23
27	28	29	1

SEMAINE 06

LUNDI
03
FÉVRIER

- [ ]
- [ ]
- [ ]
- [ ]
- [ ]
- [ ]
- [ ]

MARDI
04
FÉVRIER

- [ ]
- [ ]
- [ ]
- [ ]
- [ ]
- [ ]
- [ ]

MERCREDI
05
FÉVRIER

- [ ]
- [ ]
- [ ]
- [ ]
- [ ]
- [ ]
- [ ]

JEUDI
06
FÉVRIER

- [ ]
- [ ]
- [ ]
- [ ]
- [ ]
- [ ]
- [ ]

FÉVRIER 2020

VENDREDI

07
FÉVRIER

☐
☐
☐
☐
☐
☐
☐

SAMEDI

08
FÉVRIER

☐
☐
☐
☐
☐
☐
☐

DIMANCHE

09
FÉVRIER

☐
☐
☐
☐
☐
☐
☐

SEMAINE 07

LUNDI
10
FÉVRIER

☐
☐
☐
☐
☐
☐
☐

MARDI
11
FÉVRIER

☐
☐
☐
☐
☐
☐
☐

MERCREDI
12
FÉVRIER

☐
☐
☐
☐
☐
☐
☐

JEUDI
13
FÉVRIER

☐
☐
☐
☐
☐
☐
☐

VENDREDI

14
FÉVRIER

☐
☐
☐
☐
☐
☐
☐
☐

SAMEDI

15
FÉVRIER

☐
☐
☐
☐
☐
☐
☐
☐

DIMANCHE

16
FÉVRIER

☐
☐
☐
☐
☐
☐
☐

LUNDI
17
FÉVRIER

MARDI
18
FÉVRIER

MERCREDI
19
FÉVRIER

JEUDI
20
FÉVRIER

VENDREDI

21

FÉVRIER

☐
☐
☐
☐
☐
☐
☐
☐

SAMEDI

22

FÉVRIER

☐
☐
☐
☐
☐
☐
☐

DIMANCHE

23

FÉVRIER

☐
☐
☐
☐
☐
☐
☐

LUNDI
24
FÉVRIER

☐
☐
☐
☐
☐
☐
☐

MARDI
25
FÉVRIER

☐
☐
☐
☐
☐
☐
☐

MERCREDI
26
FÉVRIER

☐
☐
☐
☐
☐
☐
☐

JEUDI
27
FÉVRIER

☐
☐
☐
☐
☐
☐
☐

VENDREDI

28

FÉVRIER

☐
☐
☐
☐
☐
☐
☐
☐

SAMEDI

29

FÉVRIER

☐
☐
☐
☐
☐
☐
☐
☐

DIMANCHE

01

MARS

☐
☐
☐
☐
☐
☐
☐
☐

	FÉV 2020					
LU	MA	ME	JE	VE	SA	DI
					1	2
3	4	5	6	7	8	9
10	11	12	13	14	15	16
17	18	19	20	21	22	23
24	25	26	27	28	29	

EXAMENS

_____
_____
_____
_____
_____
_____
_____
_____
_____

DATES IMPORTANTES

_____
_____
_____
_____
_____
_____
_____

	AVR 2020					
LU	MA	ME	JE	VE	SA	DI
		1	2	3	4	5
6	7	8	9	10	11	12
13	14	15	16	17	18	19
20	21	22	23	24	25	26
27	28	29	30			

LUNDI	MARDI	MERCREDI
24	25	26
2	3	4
9	10	11
16	17	18
23	24	25
30	31	

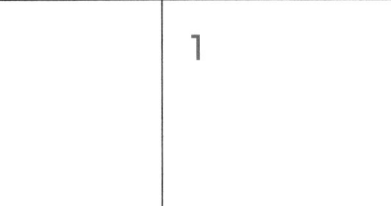

2020

JEUDI	VENDREDI	SAMEDI	DIMANCHE
27	28	29	1
5	6	7	8
12	13	14	15
19	20	21	22
26	27	28	29

LUNDI
02
MARS

☐
☐
☐
☐
☐
☐
☐

MARDI
03
MARS

☐
☐
☐
☐
☐
☐
☐

MERCREDI
04
MARS

☐
☐
☐
☐
☐
☐
☐

JEUDI
05
MARS

☐
☐
☐
☐
☐
☐
☐

VENDREDI

06
MARS

☐
☐
☐
☐
☐
☐
☐

SAMEDI

07
MARS

☐
☐
☐
☐
☐
☐
☐

DIMANCHE

08
MARS

☐
☐
☐
☐
☐
☐
☐

SEMAINE 11

LUNDI
09
MARS

☐
☐
☐
☐
☐
☐
☐

MARDI
10
MARS

☐
☐
☐
☐
☐
☐
☐

MERCREDI
11
MARS

☐
☐
☐
☐
☐
☐
☐

JEUDI
12
MARS

☐
☐
☐
☐
☐
☐
☐

VENDREDI
13
MARS

☐
☐
☐
☐
☐
☐
☐

SAMEDI
14
MARS

☐
☐
☐
☐
☐
☐
☐

DIMANCHE
15
MARS

☐
☐
☐
☐
☐
☐
☐

SEMAINE 12

LUNDI
16
MARS

- ☐
- ☐
- ☐
- ☐
- ☐
- ☐
- ☐

MARDI
17
MARS

- ☐
- ☐
- ☐
- ☐
- ☐
- ☐
- ☐

MERCREDI
18
MARS

- ☐
- ☐
- ☐
- ☐
- ☐
- ☐
- ☐

JEUDI
19
MARS

- ☐
- ☐
- ☐
- ☐
- ☐
- ☐
- ☐

VENDREDI

20
MARS

☐
☐
☐
☐
☐
☐
☐
☐

SAMEDI

21
MARS

☐
☐
☐
☐
☐
☐
☐
☐

DIMANCHE

22
MARS

☐
☐
☐
☐
☐
☐
☐

SEMAINE 13

LUNDI
23
MARS

☐
☐
☐
☐
☐
☐
☐

MARDI
24
MARS

☐
☐
☐
☐
☐
☐
☐

MERCREDI
25
MARS

☐
☐
☐
☐
☐
☐
☐

JEUDI
26
MARS

☐
☐
☐
☐
☐
☐
☐

VENDREDI

27
MARS

☐
☐
☐
☐
☐
☐
☐

SAMEDI

28
MARS

☐
☐
☐
☐
☐
☐
☐

DIMANCHE

29
MARS

☐
☐
☐
☐
☐
☐
☐

MAR 2020

LU	MA	ME	JE	VE	SA	DI
						1
2	3	4	5	6	7	8
9	10	11	12	13	14	15
16	17	18	19	20	21	22
23	24	25	26	27	28	29
30	31					

EXAMENS

_____

_____

_____

_____

_____

_____

_____

_____

DATES IMPORTANTES

_____

_____

_____

_____

_____

MAI 2020

LU	MA	ME	JE	VE	SA	DI
				1	2	3
4	5	6	7	8	9	10
11	12	13	14	15	16	17
18	19	20	21	22	23	24
25	26	27	28	29	30	31

AVRIL

LUNDI	MARDI	MERCREDI
30	31	1
6	7	8
13	14	15
20	21	22
27	28	29

2020

JEUDI	VENDREDI	SAMEDI	DIMANCHE
2	3	4	5
9	10	11	12
16	17	18	19
23	24	25	26
30	1	2	3

SEMAINE 14

LUNDI
30
AVRIL

☐
☐
☐
☐
☐
☐
☐

MARDI
31
AVRIL

☐
☐
☐
☐
☐
☐
☐

MERCREDI
01
AVRIL

☐
☐
☐
☐
☐
☐
☐

JEUDI
02
AVRIL

☐
☐
☐
☐
☐
☐
☐

VENDREDI

03
AVRIL

☐
☐
☐
☐
☐
☐
☐
☐

SAMEDI

04
AVRIL

☐
☐
☐
☐
☐
☐
☐
☐

DIMANCHE

05
AVRIL

☐
☐
☐
☐
☐
☐
☐
☐

SEMAINE 15

LUNDI
06
AVRIL

MARDI
07
AVRIL

MERCREDI
08
AVRIL

JEUDI
09
AVRIL

AVRIL 2020

VENDREDI
10
AVRIL

☐
☐
☐
☐
☐
☐
☐

SAMEDI
11
AVRIL

☐
☐
☐
☐
☐
☐
☐

DIMANCHE
12
AVRIL

☐
☐
☐
☐
☐
☐
☐

SEMAINE 16

LUNDI
13
AVRIL

☐
☐
☐
☐
☐
☐
☐

MARDI
14
AVRIL

☐
☐
☐
☐
☐
☐
☐

MERCREDI
15
AVRIL

☐
☐
☐
☐
☐
☐
☐

JEUDI
16
AVRIL

☐
☐
☐
☐
☐
☐
☐

VENDREDI

17

AVRIL

☐
☐
☐
☐
☐
☐
☐

SAMEDI

18

AVRIL

☐
☐
☐
☐
☐
☐
☐

DIMANCHE

19

AVRIL

☐
☐
☐
☐
☐
☐
☐

SEMAINE 17

LUNDI
20
AVRIL

MARDI
21
AVRIL

MERCREDI
22
AVRIL

JEUDI
23
AVRIL

VENDREDI

24
AVRIL

SAMEDI

25
AVRIL

DIMANCHE

26
AVRIL

SEMAINE 18

LUNDI
27
AVRIL

☐

MARDI
28
AVRIL

☐

MERCREDI
29
AVRIL

☐

JEUDI
30
AVRIL

☐

VENDREDI

01
MAI

☐
☐
☐
☐
☐
☐
☐

SAMEDI

02
MAI

☐
☐
☐
☐
☐
☐
☐

DIMANCHE

03
MAI

☐
☐
☐
☐
☐
☐
☐

AVR 2020

LU	MA	ME	JE	VE	SA	DI
			1	2	3	4	5
6	7	8	9	10	11	12
13	14	15	16	17	18	19
20	21	22	23	24	25	26
27	28	29	30			

EXAMENS

_____

_____

_____

_____

_____

_____

_____

DATES IMPORTANTES

_____

_____

_____

_____

_____

_____

JUIN 2020

LU	MA	ME	JE	VE	SA	DI
1	2	3	4	5	6	7
8	9	10	11	12	13	14
15	16	17	18	19	20	21
22	23	24	25	26	27	28
29	30					

MAI

LUNDI	MARDI	MERCREDI
27	28	29
4	5	6
11	12	13
18	19	20
25	26	27

2020

JEUDI	VENDREDI	SAMEDI	DIMANCHE
30	1	2	3
7	8	9	10
14	15	16	17
21	22	23	24
28	29	30	31

SEMAINE 19

LUNDI
04
MAI

- [ ]
- [ ]
- [ ]
- [ ]
- [ ]
- [ ]
- [ ]

MARDI
05
MAI

- [ ]
- [ ]
- [ ]
- [ ]
- [ ]
- [ ]
- [ ]

MERCREDI
06
MAI

- [ ]
- [ ]
- [ ]
- [ ]
- [ ]
- [ ]
- [ ]

JEUDI
07
MAI

- [ ]
- [ ]
- [ ]
- [ ]
- [ ]
- [ ]
- [ ]

VENDREDI

08
MAI

☐
☐
☐
☐
☐
☐
☐
☐

SAMEDI

09
MAI

☐
☐
☐
☐
☐
☐
☐
☐

DIMANCHE

10
MAI

☐
☐
☐
☐
☐
☐
☐

LUNDI

11

MAI

- [ ]
- [ ]
- [ ]
- [ ]
- [ ]
- [ ]
- [ ]

MARDI

12

MAI

- [ ]
- [ ]
- [ ]
- [ ]
- [ ]
- [ ]
- [ ]

MERCREDI

13

MAI

- [ ]
- [ ]
- [ ]
- [ ]
- [ ]
- [ ]
- [ ]

JEUDI

14

MAI

- [ ]
- [ ]
- [ ]
- [ ]
- [ ]
- [ ]
- [ ]

MAI 2020

VENDREDI

15

MAI

- [ ]
- [ ]
- [ ]
- [ ]
- [ ]
- [ ]
- [ ]

SAMEDI

16

MAI

- [ ]
- [ ]
- [ ]
- [ ]
- [ ]
- [ ]
- [ ]

DIMANCHE

17

MAI

- [ ]
- [ ]
- [ ]
- [ ]
- [ ]
- [ ]
- [ ]

SEMAINE 21

LUNDI
18
MAI

- [ ]
- [ ]
- [ ]
- [ ]
- [ ]
- [ ]
- [ ]

MARDI
19
MAI

- [ ]
- [ ]
- [ ]
- [ ]
- [ ]
- [ ]
- [ ]

MERCREDI
20
MAI

- [ ]
- [ ]
- [ ]
- [ ]
- [ ]
- [ ]
- [ ]

JEUDI
21
MAI

- [ ]
- [ ]
- [ ]
- [ ]
- [ ]
- [ ]
- [ ]

VENDREDI

22
MAI

☐
☐
☐
☐
☐
☐
☐
☐

SAMEDI

23
MAI

☐
☐
☐
☐
☐
☐
☐
☐

DIMANCHE

24
MAI

☐
☐
☐
☐
☐
☐
☐
☐

LUNDI
25
MAI

☐

☐

☐

☐

☐

☐

☐

MARDI
26
MAI

☐

☐

☐

☐

☐

☐

MERCREDI
27
MAI

☐

☐

☐

☐

☐

☐

☐

JEUDI
28
MAI

☐

☐

☐

☐

☐

☐

☐

VENDREDI

29
MAI

□
□
□
□
□
□
□

SAMEDI

30
MAI

□
□
□
□
□
□
□

DIMANCHE

31
MAI

□
□
□
□
□
□
□

EXAMENS

_____
_____
_____
_____
_____
_____
_____
_____

DATES IMPORTANTES

_____
_____
_____
_____
_____
_____
_____

JUIN

LUNDI	MARDI	MERCREDI
1	2	3
8	9	10
15	16	17
22	23	24
29	30	1

2020

JEUDI	VENDREDI	SAMEDI	DIMANCHE
4	5	6	7
11	12	13	14
18	19	20	21
25	26	27	28
2	3	4	5

SEMAINE 23

LUNDI
01
JUIN

- ☐
- ☐
- ☐
- ☐
- ☐
- ☐
- ☐

MARDI
02
JUIN

- ☐
- ☐
- ☐
- ☐
- ☐
- ☐
- ☐

MERCREDI
03
JUIN

- ☐
- ☐
- ☐
- ☐
- ☐
- ☐
- ☐

JEUDI
04
JUIN

- ☐
- ☐
- ☐
- ☐
- ☐
- ☐
- ☐

VENDREDI

05
JUIN

SAMEDI

06
JUIN

DIMANCHE

07
JUIN

SEMAINE 24

LUNDI
08
JUIN

- [ ]
- [ ]
- [ ]
- [ ]
- [ ]
- [ ]
- [ ]

MARDI
09
JUIN

- [ ]
- [ ]
- [ ]
- [ ]
- [ ]
- [ ]
- [ ]

MERCREDI
10
JUIN

- [ ]
- [ ]
- [ ]
- [ ]
- [ ]
- [ ]
- [ ]

JEUDI
11
JUIN

- [ ]
- [ ]
- [ ]
- [ ]
- [ ]
- [ ]
- [ ]

VENDREDI

12
JUIN

☐
☐
☐
☐
☐
☐
☐

SAMEDI

13
JUIN

☐
☐
☐
☐
☐
☐
☐

DIMANCHE

14
JUIN

☐
☐
☐
☐
☐
☐
☐

SEMAINE 25

LUNDI
15
JUIN

- [ ]
- [ ]
- [ ]
- [ ]
- [ ]
- [ ]
- [ ]

MARDI
16
JUIN

- [ ]
- [ ]
- [ ]
- [ ]
- [ ]
- [ ]
- [ ]

MERCREDI
17
JUIN

- [ ]
- [ ]
- [ ]
- [ ]
- [ ]
- [ ]
- [ ]

JEUDI
18
JUIN

- [ ]
- [ ]
- [ ]
- [ ]
- [ ]
- [ ]
- [ ]

VENDREDI
19
JUIN

☐
☐
☐
☐
☐
☐
☐

SAMEDI
20
JUIN

☐
☐
☐
☐
☐
☐
☐

DIMANCHE
21
JUIN

☐
☐
☐
☐
☐
☐
☐

LUNDI

22
JUIN

MARDI

23
JUIN

MERCREDI

24
JUIN

JEUDI

25
JUIN

VENDREDI

26
JUIN

☐
☐
☐
☐
☐
☐
☐

SAMEDI

27
JUIN

☐
☐
☐
☐
☐
☐
☐

DIMANCHE

28
JUIN

☐
☐
☐
☐
☐
☐
☐

LUNDI

29
JUIN

MARDI

30
JUIN

MERCREDI

01
JUILLET

JEUDI

02
JUILLET

JUIN 2020

VENDREDI

03
JUILLET

□
□
□
□
□
□
□

SAMEDI

04
JUILLET

□
□
□
□
□
□
□

DIMANCHE

05
JUILLET

□
□
□
□
□
□
□

JUIN 2020

LU MA ME JE VE SA DI
1 2 3 4 5 6 7
8 9 10 11 12 13 14
15 16 17 18 19 20 21
22 23 24 25 26 27 28
29 30

EXAMENS

_____
_____
_____
_____
_____
_____
_____
_____

DATES IMPORTANTES

_____
_____
_____
_____
_____
_____

AOÛT 2020

LU MA ME JE VE SA DI
            1 2
3 4 5 6 7 8 9
10 11 12 13 14 15 16
17 18 19 20 21 22 23
24 25 26 27 28 29 30
31

JUILLET

LUNDI	MARDI	MERCREDI
29	30	1
6	7	8
13	14	15
20	21	22
27	28	29

2020

JEUDI	VENDREDI	SAMEDI	DIMANCHE
2	3	4	5
9	10	11	12
16	17	18	19
23	24	25	26
30	31	1	2

SEMAINE 28

LUNDI
06
JUILLET

☐
☐
☐
☐
☐
☐
☐

MARDI
07
JUILLET

☐
☐
☐
☐
☐
☐
☐

MERCREDI
08
JUILLET

☐
☐
☐
☐
☐
☐
☐

JEUDI
09
JUILLET

☐
☐
☐
☐
☐
☐
☐

VENDREDI

10

JUILLET

☐
☐
☐
☐
☐
☐
☐

SAMEDI

11

JUILLET

☐
☐
☐
☐
☐
☐
☐

DIMANCHE

12

JUILLET

☐
☐
☐
☐
☐
☐
☐

SEMAINE 29

LUNDI
13
JUILLET

☐
☐
☐
☐
☐
☐
☐

MARDI
14
JUILLET

☐
☐
☐
☐
☐
☐
☐

MERCREDI
15
JUILLET

☐
☐
☐
☐
☐
☐
☐

JEUDI
16
JUILLET

☐
☐
☐
☐
☐
☐
☐

JUILLET 2020

VENDREDI

17
JUILLET

☐
☐
☐
☐
☐
☐
☐
☐

SAMEDI

18
JUILLET

☐
☐
☐
☐
☐
☐
☐
☐

DIMANCHE

19
JUILLET

☐
☐
☐
☐
☐
☐
☐

LUNDI

20
JUILLET

MARDI

21
JUILLET

MERCREDI

22
JUILLET

JEUDI

23
JUILLET

JUILLET 2020

VENDREDI
24
JUILLET

☐
☐
☐
☐
☐
☐
☐
☐

SAMEDI
25
JUILLET

☐
☐
☐
☐
☐
☐
☐

DIMANCHE
26
JUILLET

☐
☐
☐
☐
☐
☐
☐

SEMAINE 31

LUNDI
27
JUILLET

MARDI
28
JUILLET

MERCREDI
29
JUILLET

JEUDI
30
JUILLET

JUILLET 2020

VENDREDI

31
AOÛT

☐
☐
☐
☐
☐
☐
☐
☐

SAMEDI

01
AOÛT

☐
☐
☐
☐
☐
☐
☐
☐

DIMANCHE

02
AOÛT

☐
☐
☐
☐
☐
☐
☐

JUIL 2020

LU	MA	ME	JE	VE	SA	DI
			1	2	3	4	5
6	7	8	9	10	11	12
13	14	15	16	17	18	19
20	21	22	23	24	25	26
27	28	29	30	31

EXAMENS

_____
_____
_____
_____
_____
_____
_____
_____
_____
_____

DATES IMPORTANTES

_____
_____
_____
_____
_____
_____
_____
_____
_____

SEPT 2020

LU	MA	ME	JE	VE	SA	DI
		1	2	3	4	5	6
7	8	9	10	11	12	13
14	15	16	17	18	19	20
21	22	23	24	25	26	27
28	29	30

AOÛT

LUNDI	MARDI	MERCREDI
26	27	28
3	4	5
10	11	12
17	18	19
24	25	26
31		

2020

JEUDI	VENDREDI	SAMEDI	DIMANCHE
29	31	1	2
6	7	8	9
13	14	15	16
20	21	22	23
27	28	29	30

LUNDI
03
AOÛT

☐
☐
☐
☐
☐
☐
☐

MARDI
04
AOÛT

☐
☐
☐
☐
☐
☐
☐

MERCREDI
05
AOÛT

☐
☐
☐
☐
☐
☐
☐

JEUDI
06
AOÛT

☐
☐
☐
☐
☐
☐
☐

VENDREDI

07
AOÛT

☐
☐
☐
☐
☐
☐
☐
☐

SAMEDI

08
AOÛT

☐
☐
☐
☐
☐
☐
☐
☐

DIMANCHE

09
AOÛT

☐
☐
☐
☐
☐
☐
☐
☐

SEMAINE 33

LUNDI
10
AOÛT

MARDI
11
AOÛT

MERCREDI
12
AOÛT

JEUDI
13
AOÛT

AOÛT 2020

VENDREDI

14
AOÛT

SAMEDI

15
AOÛT

DIMANCHE

16
AOÛT

LUNDI
17
AOÛT

MARDI
18
AOÛT

MERCREDI
19
AOÛT

JEUDI
20
AOÛT

VENDREDI

21
AOÛT

☐
☐
☐
☐
☐
☐
☐

SAMEDI

22
AOÛT

☐
☐
☐
☐
☐
☐
☐

DIMANCHE

23
AOÛT

☐
☐
☐
☐
☐
☐
☐

LUNDI

24
AOÛT

☐
☐
☐
☐
☐
☐
☐

MARDI

25
AOÛT

☐
☐
☐
☐
☐
☐
☐

MERCREDI

26
AOÛT

☐
☐
☐
☐
☐
☐
☐

JEUDI

27
AOÛT

☐
☐
☐
☐
☐
☐
☐

AOÛT 2020

VENDREDI

28
AOÛT

SAMEDI

29
AOÛT

DIMANCHE

30
AOÛT

LUNDI

31
AOÛT

- [ ]
- [ ]
- [ ]
- [ ]
- [ ]
- [ ]
- [ ]

MARDI

01
SEPTEMBRE

- [ ]
- [ ]
- [ ]
- [ ]
- [ ]
- [ ]
- [ ]

MERCREDI

02
SEPTEMBRE

- [ ]
- [ ]
- [ ]
- [ ]
- [ ]
- [ ]
- [ ]

JEUDI

03
SEPTEMBRE

- [ ]
- [ ]
- [ ]
- [ ]
- [ ]
- [ ]
- [ ]

VENDREDI

04
SEPTEMBRE

☐
☐
☐
☐
☐
☐
☐

SAMEDI

05
SEPTEMBRE

☐
☐
☐
☐
☐
☐
☐

DIMANCHE

06
SEPTEMBRE

☐
☐
☐
☐
☐
☐
☐

JAN 2021

LU	MA	ME	JE	VE	SA	DI
				1	2	3
4	5	6	7	8	9	10
11	12	13	14	15	16	17
18	19	20	21	22	23	24

FÉV 2021

LU	MA	ME	JE	VE	SA	DI
1	2	3	4	5	6	7
8	9	10	11	12	13	14
15	16	17	18	19	20	21
22	23	24	25	26	27	28

MAR 2021

LU	MA	ME	JE	VE	SA	DI
1	2	3	4	5	6	7
8	9	10	11	12	13	14
15	16	17	18	19	20	21
22	23	24	25	26	27	28
29	30	31				

AVR 2021

LU	MA	ME	JE	VE	SA	DI
			1	2	3	4
5	6	7	8	9	10	11
12	13	14	15	16	17	18
19	20	21	22	23	24	25
26	27	28	29	30		

MAI 2021

LU	MA	ME	JE	VE	SA	DI
					1	2
3	4	5	6	7	8	9
10	11	12	13	14	15	16
17	18	19	20	21	22	23
24	25	26	27	28	29	30
31						

JUIN 2021

LU	MA	ME	JE	VE	SA	DI
	1	2	3	4	5	6
7	8	9	10	11	12	13
14	15	16	17	18	19	20
21	22	23	24	25	26	27
28	29	30				

JUIL 2021

LU	MA	ME	JE	VE	SA	DI
			1	2	3	4
5	6	7	8	9	10	11
12	13	14	15	16	17	18
19	20	21	22	23	24	25
26	27	28	29	30	31	

AOÛT 2021

LU	MA	ME	JE	VE	SA	DI
						1
2	3	4	5	6	7	8
9	10	11	12	13	14	15
16	17	18	19	20	21	22
23	24	25	26	27	28	29
30	31					

SEP 2021

LU	MA	ME	JE	VE	SA	DI
		1	2	3	4	5
6	7	8	9	10	11	12
13	14	15	16	17	18	19
20	21	22	23	24	25	26
27	28	29	30			

OCT 2021

LU	MA	ME	JE	VE	SA	DI
				1	2	3
4	5	6	7	8	9	10
11	12	13	14	15	16	17
18	19	20	21	22	23	24
25	26	27	28	29	30	31

NOV 2021

LU	MA	ME	JE	VE	SA	DI
1	2	3	4	5	6	7
8	9	10	11	12	13	14
15	16	17	18	19	20	21
22	23	24	25	26	27	28
29	30					

DÉC 2021

LU	MA	ME	JE	VE	SA	DI
		1	2	3	4	5
6	7	8	9	10	11	12
13	14	15	16	17	18	19
20	21	22	23	24	25	26
27	28	29	30	31		

Impressum

Feedback:
feedback@mertens-publication.de

Edition : Books on Demand,
12/14 rond-Point des Champs-Elysées, 75008 Paris
Impression : BoD - Books on Demand, Norderstedt, Allemagne
ISBN :
9782322126743

Mertens Ventures Ltd.
Tefkrou Anthia No 2 Office 301
6045 Larnaca
Zypern
E-Mail: kontakt@mertens-publication.de

Dépôt légal : juillet 2019